AF358883

LES

YEUX DU CŒUR

COMÉDIE

Représentée pour la première fois, à Paris, sur le théâtre du VAUDEVILLE,
le 4 juillet 1865.

LES
YEUX DU CŒUR

COMÉDIE EN UN ACTE

PAR

ÉMILE ABRAHAM

PARIS

MICHEL LÉVY FRÈRES, LIBRAIRES ÉDITEURS

RUE VIVIENNE, 2 BIS, ET BOULEVARD DES ITALIENS, 15

A LA LIBRAIRIE NOUVELLE

——

1865

PERSONNAGES

AMÉLIE. . . . . Mᵐᵉ DÉRIEUX-COQUELIN.
LUCIEN. . . . . M. OCTAVE-LAMY.

La scène se passe à Paris, chez Amélie.

Toutes les indications sont prises de la gauche du spectateur. — Les changements de position sont indiqués par des renvois.

Intitulée alors le LORGNON DE L'AMOUR, cette pièce a été créée au Kursaal d'Ems, en 1862, par M. Vallière et mademoiselle Lovely.

LES

YEUX DU CŒUR

Un boudoir richement meublé. — A gauche, face au public, un canapé, un petit tabouret, une chaise, un guéridon sur lequel se trouvent une corbeille à ouvrage, écheveaux de laine, ciseaux. Premier plan, une cheminée, glace. — Deuxième plan, une fenêtre. — Au fond, trois portes. — A droite, sur le devant de la scène, un fauteuil. — Premier plan, une bibliothèque, deuxième plan, une porte.

SCÈNE PREMIÈRE

LUCIEN, AMÉLIE *.

(Au lever du rideau, Amélie, assise sur le canapé, travaille à une tapisserie ; Lucien est assis auprès d'elle, son chapeau à la main.

AMÉLIE.

Vous écrivez, je crois, dans ces petits journaux éphémères?...

LUCIEN.

Éphémères! Vous n'êtes pas généreuse, madame. Honneur au courage malheureux!

AMÉLIE.

Et c'est parce que vous faites de cette littérature au rabais que vous vous croyez tant d'esprit?

* Amélie, Lucien.

LUCIEN.

Je me crois tant d'esprit pour faire comme tout le monde.

AMÉLIE.

C'est-à-dire que tout le monde vous accorde de l'esprit?

LUCIEN.

Non, mais que chacun s'en croit.

AMÉLIE.

Cela est à mon adresse?

LUCIEN.

Je n'ai pas eu l'intention de vous décocher une épigramme. Mais quand cela serait?... Il est impossible que vous n'ayez pas conscience de votre mérite.

AMÉLIE.

Voilà bien l'histoire de la paille dans l'œil du voisin!

LUCIEN.

Est-ce parce que je vous aime que vous cherchez à me désespérer?

AMÉLIE.

Qui vous a prié de m'aimer?

LUCIEN.

Est-ce ma faute si vous êtes spirituelle et jolie?

AMÉLIE.

Vous me trouvez jolie parce que vous me voyez à travers un prisme qui embellit les êtres aimés.

LUCIEN.

Vous êtes jolie, vous dis-je! Ah! je ne m'aveugle pas... Je vous contemple avec les yeux...

AMÉLIE, l'interrompant.

Avec les yeux du cœur! C'est pourquoi, lorsque votre ironie s'exerce sur toutes les dames de notre connaissance, seule je suis épargnée.

LUCIEN.

J'en suis bien récompensé! Tout à l'heure, vous m'accusiez de fatuité, le défaut que j'abhorre le plus.

AMÉLIE.

Vous en avez bien d'autres ; celui-là est le plus développé !

LUCIEN.

Et sur quoi basez-vous ce jugement ?

AMÉLIE.

Sur votre suffisance. Depuis une grande heure, vous cherchez à prouver que le ridicule tue l'amour, et vous vous fâchez tout rouge de me voir d'un avis contraire... Ah! l'on voit bien que vous n'aimez qu'avec votre imagination et non avec le cœur.

LUCIEN.

Madame, je vous jure...

AMÉLIE.

Vous allez encore me débiter vos jolies phrases...ne vous gênez pas. Dans ma profession, on est habituée à être bombardée de fadeurs.

LUCIEN.

Votre profession ?

AMÉLIE.

Oui, celle de jeune veuve ; mais continuons nos dissertations, c'est plus amusant et moins dangereux.

LUCIEN.

Moins dangereux !... Encore une raillerie...

AMÉLIE.

Moins dangereux... pour vous. Dites-moi, je vous prie, ce que vous entendez par le ridicule chez une femme ?

LUCIEN.

Le ridicule saute aux yeux, mais il serait bien difficile de le définir.

AMÉLIE.

Vous m'avez gratifiée d'un long discours contre les chauffe-
rettes... vous avez posé en axiome qu'il est ridicule d'en faire
usage. Or, comme le ridicule tue l'amour, selon vous, du moins,
il suffirait qu'une femme se servît d'une chaufferette, d'une innocente
chaufferette, pour qu'à l'instant même votre passion pour elle
s'éteignît?

LUCIEN.

Il faut laisser cet ustensile à ces pauvres marchandes de journaux, qui grelottent dans ces espèces de guérites qu'on a baptisées
du nom de kiosques, et aux cochers d'omnibus.

AMÉLIE.

Que qualifierez-vous encore de ridicule ?

LUCIEN.

Ces mille petits riens qui choquent chez des personnes que l'é-
ducation a placées au premier rang. Il est une foule de manies
vulgaires qui dénotent une petitesse d'esprit. Ainsi, il existe des
femmes capables d'élever des animaux avec une tendresse mater
nelle, et on en a vu tester en faveur d'un chien ou d'un écureuil.

AMÉLIE, avec un sérieux affecté.

C'est infâme !

LUCIEN.

Une femme ne saurait avoir trop de scrupule pour ses vêtements :
porter à vingt ans une robe à ramages et un chapeau jaune est
un manque de goût; et s'affubler à cinquante ans d'une toilette
tapageuse est le comble de la prétention.

AMÉLIE.

En cela je vous approuve; mais continuez.

LUCIEN.

On ne saurait trop flétrir cet usage de rester chaque matin
pendant deux heures devant une glace, pour se barbouiller le
visage comme une actrice qui va jouer une ingénue, et qui a cessé
de l'être depuis un quart de siècle.

AMÉLIE.

Ensuite?

LUCIEN.

Que sais-je ?... je n'en finirais pas si je continuais sur ce chapitre... Mais, madame, ce qui est pyramidal, ce qui est monstrueux... (Il se lève et descend à droite*.) c'est de porter une capuche!

AMÉLIE.

C'est criminel!

LUCIEN.

Madame, plutôt que de donner, dans la rue, le bras à une tête ornée d'une capuche, je me brûlerais la cervelle! (Amélie rit aux éclats.)

AMÉLIE.

Vous m'amusez beaucoup. (Elle pose sa tapisserie sur la table, prend un écheveau de laine et le dévide.)

LUCIEN.

J'en suis charmé. Je m'estime heureux de provoquer votre hilarité ; mais causons, si vous le voulez, de choses importantes.

AMÉLIE.

De ce fameux procès ?

LUCIEN.

De mon amour!

AMÉLIE.

C'est un procès que vous me faites.

LUCIEN.

Et j'espère bien gagner ma cause.

AMÉLIE.

Vous la gagnerez... si vous plaidez avec éloquence.

LUCIEN, lui prenant la main.

Merci !

* Lucien, Amélie.

AMÉLIE.

Vous êtes d'une vivacité!... Vous avez fait tomber ma laine. (Elle va pour se baisser.)

LUCIEN, il passe devant elle [*], dépose son chapeau sur la table, et se baisse.

Ne vous dérangez pas! Oui, je gagnerai ma cause, car j'ai pour la plaider l'éloquence du cœur, et... (Se relevant.) Ah!

AMÉLIE.

Qu'avez-vous donc?

LUCIEN.

Je me suis brûlé!

AMÉLIE.

Vous aurez touché à ma chaufferette!

LUCIEN.

Hein ?

AMÉLIE, feignant d'être honteuse.

Imprudente!

LUCIEN.

Vous avez dit?

AMÉLIE.

Moi?... rien!

LUCIEN.

Une chaufferette!

AMÉLIE.

Je vous fais l'effet d'une marchande de journaux?...

LUCIEN.

Une chaufferette! (Il passe à droite.)

AMÉLIE.

D'un cocher d'omnibus, peut-être?

[*] Amélie, Lucien.

LUCIEN, embarrassé.

L'hiver est bien rigoureux cette année !

AMÉLIE.

Le thermomètre de l'ingénieur Chevalier marquait hier dix degrés au-dessous de zéro.

LUCIEN.

D'ailleurs, la mode, cette capricieuse déesse, l'emporte sur tous les préjugés... une chaufferette est aujourd'hui de très-bon goût.

AMÉLIE.

Dieu merci ! (Après un moment.) Passe pour cette peccadille ! Mais je ne suis pas de ces femmes qui élèvent des animaux et qui mettent du fard.

LUCIEN.

Je ne vous fais pas l'injure de le croire.

AMÉLIE.

Je ne suis pas comme madame Desbordes, qui possède une basse-cour en pleine rue du Bac.

LUCIEN.

Rien ne m'étonne d'une personne affligée de taches de rousseur.

AMÉLIE.

A propos, madame Desbordes m'a invitée à dîner pour ce soir. (Elle pose sa laine sur la table.)

LUCIEN.

Et... vous irez ?

AMÉLIE.

Sans doute.

LUCIEN.

Alors... vous me chassez ?...

AMÉLIE.

Je suis trop polie pour cela. (Elle se lève.)

LUCIEN.

Seulement, vous me priez de m'en aller.

AMÉLIE.

Vous m'offrirez votre bras pour me conduire ; et, demain, vous viendrez me voir.

LUCIEN.

Vous êtes bonne !

AMÉLIE.

Qu'en savez-vous ? vous me connaissez si peu, si peu !

LUCIEN.

Je vous connais assez pour vous apprécier.

AMÉLIE.

Avec les yeux du cœur.

LUCIEN.

Tenez, voulez-vous que je vous dise vos vérités ?

AMÉLIE.

Des ridicules ?

LUCIEN.

Pouvez-vous le croire !

AMÉLIE.

Eh bien... ces vérités ?

LUCIEN.

Eh bien, vous êtes distraite, irrésolue, quelquefois un peu trop ironique, souvent beaucoup trop capricieuse, voilà pour les défauts. Maintenant, voici pour les qualités. (Avec volubilité.) Vous êtes jolie au possible, gracieuse à l'excès, votre cœur est excellent, votre esprit est des plus rares, et je ne sache aucune femme digne de vous être comparée.

AMÉLIE.

Si je possède une qualité, c'est celle de ne pas m'offenser des sincères avis qu'on veut bien me donner, et je vous remercie. (Elle lui tend la main ; Lucien l'embrasse. Amélie tousse.)

LUCIEN.

Vous êtes enrhumée? (Amélie remonte.)

AMÉLIE.

J'ai peur de le devenir... ce boudoir est glacial. J'ai bien du feu dans ma chambre, mais c'est si triste une chambre à coucher! (Elle se dirige vers la porte à droite *.)

LUCIEN.

Surtout...

AMÉLIE, se retournant et regardant Lucien.

Surtout?

LUCIEN.

Rien.

AMÉLIE.

Je suis curieuse, c'est un de mes défauts, et vous l'avez oublié dans votre nomenclature. Voyons... qu'alliez-vous dire?...

LUCIEN, avec une grande hésitation.

Qu'en effet une chambre à coucher est triste... surtout... lorsque c'est celle d'une veuve. (Amélie fait mine d'être froissée; elle se retourne et tousse.) Si vous mettiez un manteau?

AMÉLIE.

Soyez assez aimable pour me donner ma pelisse que vous trouverez sur le canapé du salon.

LUCIEN.

Tout de suite, madame. (Il se dirige vers la porte du fond à gauche.)

AMÉLIE.

Doucement.

LUCIEN, sur le seuil de la porte.

Quelqu'un dort?

AMÉLIE.

Oui... Narcisse.

* Lucien, Amélie.

LUCIEN.

Narcisse?

AMÉLIE.

Un superbe angora.

LUCIEN,

Un angora ?

AMÉLIE, comme à elle-même.

Aïe !... qu'ai-je dit?

LUCIEN, descendant auprès d'elle.

Un angora !... chez vous?

AMÉLIE.

C'est impardonnable?

LUCIEN.

Amélie!

AMÉLIE.

Je vous fais pitié?

LUCIEN.

Je n'ai pas de sympathie pour les chats, c'est vrai; mais j'en ai encore moins pour les souris. Ces petites bêtes sont si désagréables!

AMÉLIE.

Figurez-vous qu'elles ravageaient mon appartement!

LUCIEN.

Alors, vous n'avez ce chat que momentanément?

AMÉLIE.

C'est mon mari qui me l'avait donné.

LUCIEN, souriant.

Est-ce qu'il l'avait mis dans la corbeille de mariage?

AMÉLIE, vivement.

Ma pelisse... je gèle!

LUCIEN.

J'oubliais... (Il entre à gauche.)

SCÈNE II

AMÉLIE, seule.

Il m'amuse!... Singulier personnage! il se croit un homme sérieux,
et ce n'est qu'un enfant obstiné dont on vient à bout avec la moin-
dre friandise. Il se croit un jugement très-sain, et je me chargerais
de le faire se contredire lui-même vingt fois par heure. Ah! messieurs, si vous étiez après le mariage comme vous êtes avant, que
nous serions heureuses... et que vous comprendriez mieux vos
intérêts! (Elle passe à gauche.)

SCÈNE III

AMÉLIE, LUCIEN *.

LUCIEN, rentrant.

Ah! madame, l'admirable angora!

AMÉLIE.

N'est-ce pas?

LUCIEN.

Si tous les chats lui ressemblaient, je les adorerais!

AMÉLIE.

Et ma pelisse?

LUCIEN.

Il n'y a sur le canapé que M. Narcisse qui fait ronron.

* Amélie, Lucien.

AMÉLIE.

Voyez alors dans la salle à manger...

LUCIEN.

Dans la salle à manger. Très-bien. (Il se dirige à droite et va pour ouvrir la porte latérale.)

AMÉLIE.

Refermez vite la porte...

LUCIEN.

Vous avez raison... il faut se défier des courants d'air.

AMÉLIE.

Ce n'est pas là le motif... je prends peu de précaution... mais Jacquot est si méchant qu'il s'envolerait, rien que pour me faire enrager.

LUCIEN.

Jacquot?

AMÉLIE.

Un superbe perroquet!

LUCIEN.

Un perroquet! (On entend aboyer.) Qu'entends-je?

AMÉLIE.

C'est Diane !

LUCIEN.

Diane?

AMÉLIE.

Une superbe levrette!

LUCIEN, agité, descend sur le devant de la scène.

Un superbe chien! un superbe chat! un superbe perroquet! Mais, madame, c'est donc une ménagerie que votre appartement?

AMÉLIE.

Merci!

LUCIEN.

Oh ! pardon !

AMÉLIE.

Vous me haïssez ?

LUCIEN.

Moi ? moi vous haïr !

AMÉLIE.

Figurez-vous que ce perroquet est fort précieux... De génération en génération... il y a deux cents ans qu'il est dans ma famille.

LUCIEN.

Et ce chien ?... cet affreux caniche ?

AMÉLIE.

Ce n'est pas un affreux caniche, c'est la grâce et la fidélité réunies... c'est une charmante créature qui ne fait ni phrases ampoulées, ni sonnets, mais sur laquelle on peut compter. Et puis, réfléchissez, je suis ici seule avec ma femme de chambre. C'est qu'elle est fort bien ma femme de chambre ! M. Desbordes la regarde d'un air !...

LUCIEN.

Je connais beaucoup de messieurs qui ont regardé sa femme avec le même air.

AMÉLIE.

Madame Desbordes a dû être bien.

LUCIEN.

Dans le temps jadis, c'est possible ! mais aujourd'hui elle n'a plus besoin d'un chien pour la défendre.

AMÉLIE.

Pourtant, elle voulait que je lui donnasse Diane. (Joie de Lucien.) Mais je ne pourrai jamais m'en séparer.

LUCIEN, avec douleur.

Jamais !

AMÉLIE.

Elle me vient de ma mère!

LUCIEN, mélodramatiquement.

C'est le chien de ma mère!...

AMÉLIE, vivement.

Ma pelisse!

LUCIEN.

Tout de suite. (Il sort par la droite.)

SCÈNE IV

AMÉLIE, seule, le regardant sortir.

Il faudra, si je l'épouse, que je tienne mes pauvres bêtes sous
clef. Oh! s'il commettait ce triple assassinat!... Mais je saurai les
lui faire aimer... au point de leur composer des vers... au point
d'oublier sa femme, si je veux. Mais je ne le voudrai pas!

SCÈNE V

AMÉLIE, LUCIEN.

LUCIEN.

Savez-vous, madame, que ce perroquet est fort joli! Quelles
brillantes couleurs! Et cette levrette! qu'elle est délicieuse! comme
elle est venue japper gentiment autour de moi!... Ah! si tous les
chiens et tous les perroquets étaient comme ceux-là, j'en ferais des
collections... j'en aurais jusque dans mes poches!... Mais voici
votre pelisse.

AMÉLIE.

C'est inutile... il est l'heure de partir.

LUCIEN.

Vous ne pouvez renoncer à madame Desbordes en ma faveur?

AMÉLIE.

Voulez-vous que je me fasse une ennemie... Le temps de lisser
mes cheveux, et je suis à vous. (*Elle sort par le fond à droite.*)

SCÈNE VI

LUCIEN, seul.

Il a raison ce vieux proverbe qui dit : « Ce que femme veut,
Dieu le veut ! » Elle m'a fait aimer ces maudites bêtes... maudites,
non, car elles sont fort gentilles... Amélie n'est pas comme ces
vieilles commères qui élèvent de vilaines races, et qui, le soir,
jouent au loto, entourées de leurs nourrissons... A l'idée de sortir
avec elle, je ne puis me défendre d'une légère émotion... Réparons
le désordre de ma toilette... (*Il se regarde dans la glace qui est au-dessus
de la cheminée et refait le nœud de sa cravate. La porte par laquelle
Amélie est sortie se rouvre, et Amélie paraît sur le seuil.*)

SCÈNE VII

LUCIEN, AMÉLIE *.

AMÉLIE.

Me voici !

LUCIEN, la voyant dans la glace.

Que vois-je? Est-ce un rêve?

AMÉLIE, jouant l'ingénuité.

Un rêve?

LUCIEN.

Vous le faites exprès. (*Il s'assied sur le canapé.*)

AMÉLIE, de même.

Exprès?... quoi?... Vous parlez par énigmes.

____

* Lucien, Amélie.

LUCIEN.

Cette capuche rouge!...

AMÉLIE.

Cette!... Ah ! mon Dieu! c'en est fait ! c'est le comble du ridicule, m'avez-vous dit! Une capuche!... c'est pyramidal! c'est
monstrueux! Mon ami, j'ai perdu votre estime, je le vois, je le
sens !

LUCIEN.

Une capuche! une capuche rouge encore!

AMÉLIE.

Je me retire, car je vous rends la vie amère... mais c'est bien
involontairement... pardonnez-moi, si vous pouvez... Adieu!

LUCIEN, se levant et allant à Amélie.

Amélie ! quel démon êtes-vous, ou plutôt quel ange !

AMÉLIE.

Allons! j'irai seule jusque chez madame Desbordes ; rue du
Bac, c'est loin.

LUCIEN.

Ne m'avez-vous pas permis de vous offrir mon bras?

AMÉLIE.

Je le refuse maintenant... par charité chrétienne.

LUCIEN.

Comment ?

AMÉLIE,

Je ne veux pas que vous vous brûliez la cervelle !

LUCIEN.

Vous n'épargnez rien pour me torturer.

AMÉLIE.

Moi?-

LUCIEN.

Comme le trivial et l'idéal se touchent de près! Une autre eût
été repoussante ainsi, et vous... vous êtes adorable!

AMÉLIE.

Partons, mon ami. (Ils remontent.)

LUCIEN, allant prendre son chapeau sur la table.

Et que fait-on chez cette madame Desbordes?

AMÉLIE, redescendant.

Ce qu'on fait dans un salon: on cause, on se met au piano, on se livre à d'innocentes distractions... ainsi on joue au loto... Je suis folle du loto.

LUCIEN.

Au loto?

AMÉLIE.

Cela vous fâche... Est-ce que... Mais, oui... c'est peut-être un ridicule?

LUCIEN, à part.

Contraignons-nous, de peur d'être ridicule à notre tour.

AMÉLIE.

Je suis protégée du sort... je fais quine fort souvent... Vous viendrez, je vous invite... Le loto n'absorbe pas toutes les facultés intellectuelles; aussi l'on fait force jeux de mots, force calembours; on se permet d'avoir de l'esprit.

LUCIEN.

Là encore vous faites quine, j'en suis sûr.

AMÉLIE.

Venons!

LUCIEN.

Mais avant, promettez-moi une consolation pour toutes les méchancetés que vous m'avez fait endurer...

AMÉLIE.

Un bonbon?

LUCIEN.

Notre mariage!

AMÉLIE.

Vous m'aimez donc encore?

LUCIEN.

Hélas! oui... Ce n'est pourtant pas ma faute, allez... je ne le fais pas exprès.

AMÉLIE.

Malgré mes ridicules?

LUCIEN.

Vous n'avez que de charmantes originalités... je vous adore.

AMÉLIE.

Malgré ma laideur?

LUCIEN.

Malgré votre laideur!

AMÉLIE.

Vous plaisantez... mais, c'est positif, quelqu'un me trouve laide.

LUCIEN.

Assurément ce quelqu'un est une femme?

AMÉLIE.

C'est madame Desbordes.

LUCIEN.

La vieille folle!... (Il va à la fenêtre.) Mais, entendez-vous?...

AMÉLIE.

Quoi?

LUCIEN.

C'est la pluie! et je crains bien qu'on ne trouve pas de voiture...

AMÉLIE.

Alors?...

LUCIEN.

Amélie! si vous m'aimiez!...

AMÉLIE.

Voyez dans cette bibliothèque...

LUCIEN, il fait quelques pas vers la bibliothèque et s'arrête [*].

Encore quelque cruauté...

AMÉLIE.

Prenez le tome Ier de Molière.

LUCIEN, il prend un volume.

Je le tiens.

AMÉLIE.

Ouvrez-le au deuxième acte du *Misanthrope*, à la page indiquée par le signet... (Lucien lui remet le livre.) Écoutez, je vous prie. (Elle lit.)

> « ... L'on voit les amants toujours vanter leur choix,
> Jamais leur passion n'y voit rien de blâmable,
> Et, dans l'objet aimé, tout leur devient aimable ;
> Ils comptent les défauts pour des perfections,
> Et savent y donner de favorables noms ;
> La pâle est au jasmin en blancheur comparable,
> La noire à faire peur, une brune adorable,
> La maigre a de la taille et de la liberté,
> La grasse est, dans son port, pleine de majesté,
> La malpropre, sur soi de peu d'attraits chargée,
> Est mise sous le nom de beauté négligée,
> La géante paraît une déesse aux yeux,
> La naine un abrégé des merveilles des cieux,
> L'orgueilleuse a le cœur digne d'une couronne,
> La fourbe a de l'esprit, la sotte est toute bonne,
> La trop grande parleuse est d'agréable humeur,
> Et la muette garde une honnête pudeur.
> C'est ainsi qu'un amant dont l'amour est extrême,
> Aime jusqu'aux défauts des personnes qu'il aime.

(Regardant Lucien.)

Eh bien, que dites-vous de ces vers ?

[*] Amélie, Lucien.

LUCIEN.

C'est du Molière, c'est tout dire.

AMÉLIE, ôtant sa capuche et son châle.

Ne comprenez-vous pas qu'ils font l'apologie du prisme dont je vous parlais tantôt, et qui vous obstrue la vue...

LUCIEN.

Mais, je vois, je vois très-bien...

AMÉLIE, s'asseyant sur le canapé.

Oui, mais vous savez?... avec les yeux du cœur! (Lucien s'assied auprès d'Amélie.)

FIN

Imp. L. TOINON et Cie, à Saint-Germain.